AF460108

RICHARDET,

OU

LE JEUNE AVENTURIER.

DRAME

EN QUATRE ACTES, EN PROSE,

A GRAND SPECTACLE,

Mêlé de Jeux, Chants, Danses, Pantomimes, etc.

Par PIERRE BLANCHARD.

Musique de J. GAULTIER, Jeux et Ballets d'Eugène HUS.

Représenté pour la première fois à Paris, sur le Théâtre de la Gaeité, en Brumaire de l'an IX.

A PARIS,

Chez FAGES, Libraire rue Meslé, n°. 25, et boulevart S. Martin, n°. 26, vis-à-vis le Théâtre des Jeunes-Artistes.

AN IX - 1800.

PERSONNAGES.	ACTEURS
DÉMONTFORT, puissant seigneur du quinzième siècle.	JOIGNY.
SOPHIE DEMONTFORT son épouse	Mlle DECROIX
Le jeune DEMONTFORT, âgé de 16 ans	TIPHAÎNE.
RICHARDET, enfant trouvé âgé de 16 ans.	Mlle CHABERT.
GEORGETTE, fille de Gérard, âgé de 15 ans.	Mlle DROU-VILLE.
GÉRARD, Paysan, père adoptif de Richardet	ST.-ALBIN.
BRIGITTE, femme de Gérard. . . .	M.e JOIGNY.
ALBERT, intendant de Démontfort .	REVELARD.
DANDINET, cousin de Gérard . . .	BÉVILLE.
BRUNO, paysan	AUBRY.
Quatre jeunes Seigneurs, personnages muets, faisant partie des jeux . . .	
Un Page, personnage muet	
Un Hérault	
Villageois et Villageoises, dont une partie doit danser.	
Chasseurs.	
Seigneurs et Dames, Figurants. . .	

RICHARDET,

OU

LE JEUNE AVENTURIER,

DRAME.

ACTE PREMIER.

Le Théâtre est disposé pour une fête. Dans le fond est un Pavillon pour placer les spectateurs distingués; et sur les côtés des barrières pour retenir les gens du canton, que la curiosité a amenés.

SCENE PREMIERE.

GEORGETTE *seule.*

C'est dans ce lieu que Richardet m'a fait signe de l'attendre. Il a sans doute quelque chose d'intéressant à me dire. S'il venait! le moment est favorable; aucun importun ici: tout le monde est occupé à voir le tournois des chevaliers, dans la grande cour du château..... Il n'arrive pas! il aurait pourtant dû être le premier au rendez-vous. Oh! je l'en gronderai!

SCENE II.

GEORGETTE, DANDINET. *Il entre en considérant les apprêts des jeux.*

GEORGETTE, *à part.*

Allons, Voilà cet imbécile de Dandinet qui vient nous troubler. Oh! vous êtes bien sûr que s'il y a un sot en quelqu'endroit, ce sera toujours lui que vous trouverez sur votre passage!

DANDINET.

Eh bien, petite cousine, je parie que vous êtes contente que je viens vous tenir compagnie?

GEORGETTE.

Fort contente même.

DANDINET.

J'ai deviné cela, moi.

GEORGETTE.

Si cependant j'avais besoin d'être seule ?

DANDINET.

Seule, allons donc, vous ne pourriez rien dire.

GEORGETTE.

A côté de vous, j'ai beaucoup à dire, en effet; mais, en ce moment, la solitude me plairait davantage.

DANDINET.

Vous croyez peut être que je vais prendre cela pour ce que vous me le donnez ? ce serait bon à un nigaud, mais à moi ! J'ai entendu cent fois répéter que quand une femme disait une chose, cela signifiait tout justement le contraire ; par conséquent quand vous me priez de m'en aller, ça veut dire : reste-là.

GEORGETTE.

Comme vous entendez parfaitement le langage des femmes..... je vous cède la place et me retire.

DANDINET.

Bon ! est-ce sérieusement ? Dans ce cas, c'est moi qui partirai...... Mais n'y aurait-il pas là-dessous quelque chose que je ne doive pas savoir ?

GEORGETTE.

Cela pourrait être.

DANDINET.

Vraiment ! Eh bien, je m'en vais...... rester.

GEORGETTE.

Ah ! voici Richardet, heureusement.

SCENE III.

Les précédens, RICHARDET.

DANDINET, *à part.*

C'est pour lui qu'on me priait si honnêtement de m'en aller.

RICHARDET.

Ma chère Georgette, j'ai desiré de te voir un instant, pour t'apprendre un nouvelle. Le sire Demontfort m'a permis de disputer le prix de l'adresse, avec les fils des seigneurs ses voisins.

GEORGETTE.

Quoi ! l'on t' admis à cet honneur ?

RICHARDET.

C'est une grace que je tiens du gouverneur du jeune Demontfort.

GEORGETTE.

Que de reconnaissance tu dois avoir pour cet homme respectable, qui t'a fait partager l'instruction qu'il donne à son élève !

RICHARDET.

La preuve la plus agréable que je puisse lui donner de ma reconnoissance, est de profiter de ses bienfaits, et de lui montrer que je n'en suis pas tout-à-fait indigne ; oh ! si je tente de sortir de la condition obscure où le le ciel m'a fait naître, c'est moins par ambitition que pour rendre à la vieillesse de tes parens ce qu'ils ont fait pour mon enfance.

GEORGETTE.

Combien tes sentimens me charment !

DANDINET.

Voilà qui est très-bien pensé ; parlons d'autre chose maintenant. Quand tous ces grands combats où l'on ne se fait point de mal seront finis, vous allez donc venir ici vous autres ?

RICHARDET.

Ici même.

DANDINET.

Bon ! je retiendrai ma place un des premiers. Ah ça, dis-moi donc, toi qui demeures dans le Château, est-ce pour s'amuser que le sire Demontfort donne de si belles fêtes ?

RICHARDET.

Cela est probable.

DANDINET.

Dans ce cas, il ne réussit guères.

GEORGETTE.

Effectivement, il est d'une tristesse qu'on ne peut s'empêcher de remarquer.

RICHARDET.

Depuis la mort de sa seconde épouse, et cette maladie qui l'a conduit au bord du tombeau, il est enseveli dans une mélancolie si profonde, que rien ne peut l'en tirer : on ne sait si c'est à la douleur seule qu'on doit attribuer ce sombre chagrin.

DANDINET.

Pour moi, je crois que le souvenir du passé y entre

pour beaucoup; car on dit que le sire Demontfort a fait des choses.....

RICHARDET.

Chut! si l'on t'entendait.

DANDINET.

Tu as raison; les murs même ont des oreilles; et comme il vaut mieux se taire que de mal parler, taisons-nous.

RICHARDET.

Je te quitte, ma chère Georgette, et cours me placer au rang où l'on veut bien me recevoir. Ce soir, j'irai un moment dans ta famille; tu sais qu'une journée n'est belle pour nous, que lorsque nous la finissons ensemble. Adieu.

GEORGETTE.

Puisse-tu être aussi heureux que ta Georgette le desire!

SCENE IV.

GEORGETTE, DANDINET.

DANDINET.

Je l'aime, moi, ce petit Richardet. Je suis seulement fâché qu'il se soit avisé d'être mon rival. Je parie que, sans lui, je serais le premier dans le cœur de ma jolie cousine? Vous rougissez..... J'ai deviné!

GEORGETTE.

Vous êtes si pénétrant!

DANDINET.

J'étais sûr de mon fait. Cependant, si je suis si patient, c'est que quand je me mettrais en colère, il n'en serait ni plus ni moins, et qu'il ne faut pas s'échauffer le sang pour rien. Ensuite, c'est que je serai ton mari.

GEORGTTE.

Et qui vous en a donc si bien assuré?

DANDINET.

Qui? c'est un secret..... D'ailleurs, crois-tu que le cousin Gérard balance sérieusement entre moi qui suis un peu de la famille, et le plus riche du village; et Richardet qui n'a rien, qui est né on ne sait de qui, et que l'on a trouvé au pied d'un chêne? il n'y aurait pas de bon sens là dedans. Je sais bien que vous dites que je suis une bête, mais je n'y prends pas garde: cela veut seulement dire que je ne suis pas encore assez riche pour que l'on me fasse croire que j'ai de l'esprit (*musique*) mais j'entends tout le monde qui vient ici; prenons vîte nos places, nous pouvons choisir.

(*Ils se placent hors des barrières.*)

SCENE V.

Les Précédens, DEMONTFORT, quelques Seigneurs et Dames du voisinage; le jeune DEMONTFORT, RICHARDET, quatre autres jeunes Seigneurs; GARDES.

PANTOMIME.

L'entrée se fait ainsi : d'abord les gardes, qui, arrivés au milieu de la scène, se partagent et restent de chaque côté pendant les jeux. - Le Sire Demontfort, les seigneurs et les dames vont se placer sous le pavillon au fond de la scène. -- Six jeunes Seigneurs, parmi lesquels se trouvent le jeune Demontfort et Richardet, entrent armés d'arcs et de flèches. -- Une troupe de jeunes garçons et de jeunes filles; (devant danser) ferment la marche. -- Deux maîtres de cérémonies, un hérault.

LE HÉRAULT, *lorsque tout le monde est placé, s'avance et dit* :

Jeunnes geus, préludez aujourd'hui par des jeux qui vous vaudront des applaudissemens, aux combats qui, dans un autre tems, vous vaudront de la gloire. Vous pouvez dispsuter le prix de l'adresse.

Aussi-tôt que le hérault à parlé, les jeunes gens arment leurs arcs de flèches, et s'avancent tour-à-tour pour atteindre le but. Demontfort commence, et Richardet finit; ce dernier est vainqueur. -- A peine la dernière flèche est elle partie, que la musique qui accompagne ces jeux devient plus vive plus bruyante, et peint les acclamations des spectateurs. Les danses succèdent au jeu de l'arc, et la première danseuse vient présenter une couronne à Richardet, qui la reçoit avec modestie, et la glisse furtivement à Georgette, qui est comme nous l'avons indiqué plus haut, hors des barrières. Le jeune Demontfort doit exprimer par ses gestes le déplaisir qu'il éprouve de voir le prix tombé entre les mains de Richardet.

Nota. *Les danses ne dureront qu'un instant, vu qu'il doit y en avoir de nouvelles à chaque jeu.*

Pendant les danses, les six jeunes gens ont échangé leurs arcs et leurs flèches contre des baguettes blanches, longues de deux pied. Une jeune fille, (la première danseuse.) se place légèrement sur un piédestal rond, qui est au milieu de la scène, et y demeure dans une attitude agréable, tenant suspendu de la main droite une petite couronne de roses et de laurier, dont le diamètre est de trois à quatre pouces. Cette couronne tient lieu de bague, et celui qui, en courant, l'emporte avec sa baguette, est le vainqueur. Les jeunes gens se placent de manière que Demontfort est toujours le premier, et Richardet le dernier; ils partent à très-peu de distance les un des autres, de devant la jeune personne placée sur le piédestal, tournent autour d'elle en courant, et élèvent leurs baguettes pour enlever la couronne, en arrivant à la fin de cette course. les cinq premiers manquent la couronne, Richardet l'emporte. Acclamations et danses, comme auparavant.

LE HERAULT, *se plaçant au milieu de la scène.*

L'adresse et la force sont nécessaire à un chevalier qui donne au combat une partie de sa vie; mais comme l'autre appartient aux dames, il ne doit rien négliger de ce qui peut leur plaire: il est beau pour un jeune Français de savoir vaincre l'ennemi et chanter sa belle. Jeunes gens, si vous avez cultivé l'art des Troubadours, vous pouvez exercer vos talens.

Tous les six restent immobiles et en silence. -- Trait de musique.

LE HÈRAULT.

Il paraît que vous n'avez point encore cultivé cet art agréable, ainsi nous allons clore les jeux,

Ici Richardet se tourne vers ses compagnons, comme pour leur demander s'ils doivent chanter. ils répondent par signes négatifs; le jeune Démontfort y ajoute l'aigreur et le dédain. Sans y prendre garde, Richardet s'avance vers le hérault, lui fait signe qu'il va chanter, prend une guitare, salue les dames qui sont sous le pavillon, jette un regard furtif et plein d'expression sur Georgette, qui lui répond de même, et se plaçant au milieu de la scène, il se dispose à chanter. Il se forme un grouppe agréable autour de lui.

ROMANCE.

1.

Un Berger, près de sa bergère,
Chantait un jour cette chanson :
Je ne possédais rien sur terre,
Las ! pas même un pauvre mouton.
Pour ajouter à ma détresse,
Je voyais les autres jouir ;
Je les voyais, et la richesse
Attira mon premier soupir.

2.

Le printems vint, et la verdure
Se para de mille beautés,
Beautés, filles de la nature,
Valant bien trésors tant vantés.
J'ai pu, reposant sous l'ombrage,
Cueillir une rose à mon gré;
Je pus être heureux, et plus sage,
Pour l'amour seul j'ai soupiré.

3.

L'amour est par-tout bien aimable,
Mais aux champs il est plus heureux;
Aux champs, d'un sourire agréable,
Nait plus d'un jour délicieux.
Je vis Aline : à ma bergère
J'offris rose tant à mon gré;
Et près d'elle, sur la fougère,
Bientôt n'ai plus rien désiré.

Une danse d'expression succède à la romance; la première danseuse remet un rameau de laurier à Richardet.

LE HÉRAULT.

Djà le soleil touche à l'horizon; il est temps de terminer les jeux de cette journée.

GEORGETTE, *à part.*

Richardet l'a donc emporté sur tous ses rivaux ! courons vite apprendre cette heureuse nouvelle chez nous. *Elle sort.*

Du moment que le hérault à cessé de parler, les jeunes seigneurs, Demontfort excepté, entourent Richardet, le fêtent et le portent en triomphe sur leurs bras. La sortie se fait à peu-près dans le même ordre que l'entrée. -- Demontfort père, qui a presque toujours paru sombre pendant les jeux, sort le premier du pavillon, s'avance un peu sur la scène, absorbé dans ses réflexions; il tâche de prendre ensuite un visage riant, se tourne vers les dames et ses voisins, les conduit et dit à son fils :

DEMONTFORT.

Mon fils, accompagnez ces dames et ces messieurs; j'ai besoin de rester seul un instant. (*Il suit le cortège jusqu'à la dernière coulisse, et revient ensuite à pas lents. On entend la fête qui s'éloigne peu à peu; la musique qui l'accompagne semble se perdre dans le lointain.*)

SCENE VI.

DEMONTFORT, *seul.*

(*Mélodrame.*)

Voilà donc encore une journée de plaisir d'écoulée! Le bruit de la fête n'a fait que me fatiguer! (*M*) Rien ne peut imposer silence à la voix qui nuit et jour se fait entendre là. (*montrant son cœur.*) (*M.* Oh! comme il déchire le cœur, le souvenir des plaisirs qui ont coûté des larmes à l'innocence! (*M*)

SCENE VII.

DEMONTFORT, ALBERT.

ALBERT, *à part.*

Combien il est différent de ce que je l'ai vu! (*haut*) Monseigneur, je me rends à vos ordres. Maintenant que voilà votre santé rétablie, vous allez sans doute l'apprendre à toute la contrée, par des fêtes qui ne le céderont en rien à celles qui, jadis, attiraient tant de monde dans ces lieux. Celle d'aujourd'hui a été brillante; vous avez dû jouir beaucoup.

DEMONTFORT, *d'un air sombre.*

Jouir ! ce mot sort facilement de la bouche, rien n'entre dans le cœur !

ALBERT.

Monseigneur veut-il que demain je forme une nouvelle assemblée de plaisirs ?

DEMONTFORT, *impatienté.*

Que me viens-tu parler de plaisirs ? c'est le repos de l'ame que je te demande.

ALBERT, *à part.*

Voilà un singulier langage ! je ne l'avais jamais entendu.

DEMONTFORT.

Ecoute : il y a trop long-temps que tu sers mes caprices et mes haines.... Malheureux ! tu ne m'as servi qu'avec trop de fidélité ; aussi es-tu l'homme que je déteste le plus !

ALBERT.

Mon zèle méritait peut-être..... (*à part.*) Cet homme est devenu d'une humeur bien étrange.

DEMONTFORT.

Enfin, je suis las de l'état où je me trouve ; les remords et les craintes se partagent ma vie. Si c'est effectivement un zèle sincère qui t'a entraîné avec moi dans ce labyrinthe d'iniquités, tu me le prouveras en m'aidant à en sortir.

ALBERT, *à part.*

Maintenant que mes affaires sont à-peu près faites, je ne serais pas fâché non plus de vivre en repos.

DEMONTFORT.

Albert, tu connais tous les secrets de ma vie : tu sais que dans ma première jeunesse j'épousai Sophie de St.-Clair, moins par amour pour elle que pour ses grands biens. Elle était belle cependant ; mais elle était vertueuse, et sa présence contraignait trop un homme qui ne voulait connaître aucun frein. Je vis la comtesse d'Ernonval, et Sophie me devint plus importune encore. Cette comtesse, pour qui je brûlai d'un amour criminel, n'avait point les graces douces et touchantes de Sophie, mais son caractère ressemblait au mien. Nous formâmes une union que mon épouse connut, et qu'elle ne me reprocha point. Son cœur était déchiré de douleur cependant Elle tomba malade. Ce fut alors que tu imaginas ce moyen exécrable qui me permit de m'unir publiquement à celle qui me captivait. . . . . . Sophie passa pour morte ; et tandis qu'on célébrait ses funérailles, nous fermions sur elle la porte d'une prison qui ne s'est plus ouverte ! Je pus jouir du fruit de mon forfait ; et la comtesse à force de plaisirs et de fêtes, ou plutôt de bruit, endormit les remords dans mon cœur. Ils se sont réveillés d'une manière terrible..... Ma criminelle épouse n'est plus..... (*prenant la main d'Albert, qu'il serre avec l'expression d'une conscience épouvantée.*) Albert ! Elle a maintenant paru devant le tribunal éternel où le coupable est attendu ! . . . . . Et toi aussi, malheureux, tu y paraîtras !..... toi !..... moi!..... Cette pensée t'épouvante ..... Elle m'accable'..... Mais Sophie ! l'infortunée Sophie respire toujours dans son tombeau : il m'est encore permis d'alléger le poids énorme qui pèse sur mon cœur.

ALBERT.

Ciel ! quel est votre dessein ? Songeriez-vous à rendre la liberté à votre épouse, que l'on croit morte depuis si long-temps ? Irez-vous dévoiler un secret qui doit vous perdre ?

DEMONTFOTT, *atterré.*

Et que dois-je donc faire pour me sentir moins coupable ?

ALBERT.

Vous tranquilliser. Sophie, accoutumée au séjour qu'elle habite, desire à peine un autre sort. Elle a su se rendre heureuse.

DEMONTFORT.

Tu crois m'abuser ? Non, non ; quand Sophie aurait sû trouver le bonheur dans les fers, je n'en serais pas moins malheureux au milieu des plaisirs que vous vous efforcez de faire naître. C'est un autre conseil que je te demande.

ALBERT, *consultant à chaque mot les yeux de son maître.*

Monseigneur, je crois que..... pour votre propre tranquillité...... il vaudrait mieux qu'elle eût...... existé.

DEMONTFORT, *avec effroi.*

Que veux-tu dire ?

ALBERT.

Je dis que si elle eût expiré dans le cours de sa longue captivité, vous n'auriez aujourd'hui que des regrets et point de craintes. Moi-même, je suis étonné, malgré mes soins, que pendant un semblable espace de tems, un voile aussi épais soit resté sur ce mystère; mais il suffit d'un moment funeste. (*à part*) Je vois que pour notre sûreté, il ne faut qu'un peu de courage; je l'aurai. Demain, au lever de l'aurore, il ne restera plus de cette inquiétante affaire, qu'un souvenir qu'il nous sera facile d'étouffer pour toujours.

DEMONTFORT

Tu n'as jamais sû que me conseiller le mal; je m'apperçois que ton esprit ne sait rien imaginer pour le bien; retire-toi.

(*Albert sort.*)

SCENE VIII.

DEMONTFORT, *seul.*

Son observation n'est que trop juste. Il faut que je sois cruel encore, lors même que mon cœur me rappelle à la vertu. O Sophie! Sophie! que tu te trouverais bien vengée si tu pouvais lire dans mon ame! mais tu le connaîtras, le repentir de cet homme qui t'a si barbarement opprimée; j'irai me jetter à tes pieds: mes pleurs, mes tourmens, mes remords, les remords qui me déchirent, solliciteront mon pardon; ma bouche n'osera jamais le demander! vertueuse Sophie! tu auras encore pitié de moi..... Ma résolution est prise. La nuit vient; dès qu'elle aura enveloppé ces lieux de son ombre, j'accomplirai mon dessein. Cet espoir donne quelque tranquillité à mon ame.

SCENE IX.

DEMONTFORT, le jeune DEMONTFORT, RICHARDET.

(*Le jeune Démontfort entre presque aussi-tôt que Richardet et demeure dans le fond de la scène pour écouter.*)

RICHARDET, *s'avançant avec crainte.*

Monseigneur, je viens vous remercier de m'avoir permis de paraître dans les jeux; c'est une grace...

DEMONTFORT.

Que je suis flatté de t'avoir accordée: tu en as profité d'une manière qui m'est fort agréable. J'aurais desiré que mon fils eût montré autant de talent que toi; peut-être sera-ce un aiguillon pour lui. Je te reverrai paraître dans la même occasion avec plaisir. (*à part*) Il mérite qu'on s'intéresse à lui, et moi je dois, par le bien que je puis faire maintenant, effacer s'il est possible le souvenir du mal que j'ai fait autrefois. (*Il fait un signe de bienviellance à Richardet, et se retire.*)

SCENE X.

RICHARDET, le jeune DEMONTFORT, *encore éloigné, et n'ayant pas été apperçu de son père.*

RICHARDET, *à part.*

Voilà la première marque d'intérêt qu'il me donne; elle me touche, car je ne l'attendais point. Je ne puis croire qu'il soit aussi méchant qu'on le dit.

Le jeune DEMONTFORT, *s'approchant brusquement.*

Vous ne le croyez pas? c'est en vérité une grande grace que vous lui faites.

RICHARDET, *confus.*

Ah! monseigneur, j'ignorais que vous entendiez...

Le jeune DEMONTFORT.

C'est le secret de votre cœur que je surprends; et il me fait voir jusqu'à quel point vous respectez vos bienfaiteurs.

RICHARDET.

Le sentiment qui me guide, n'est point celui que vous me supposez.

Le jeune DEMONTFORT.

Et sans doute, c'est aussi par un autre sentiment que celui que je vous suppose, que vous veniez auprès du sire Demontfort, que vous respectez tant, faire louer vos rares qualités aux dépens de votre maître?

RICHARDET.

Ah! monseigneur, pouvez-vous croire? . . .

Le jenne DEMONTFORE, *ironiquement.*

Non, c'est toujours un sentiment que je vous suppose. (*reprenant sa froideur.*) Cette journée a dévoilée votre caractère; c'est celui d'un orgueilleux qui se méconnaît. Je ne vous ai pris que pour être mon valet, et non mon compagnon : ainsi, vous voudrez bien retourner chez le paysan qui a déjà eu pitié de vous. Vous abusez de la fantaisie que mon gouverneur a eu de vous donner des leçons qu'il ne devait qu'à moi.

RICHARDET.

Aussi, monseigneur, en conserverai-je toute ma vie

la plus vive reconnaissance, . . . pour cet homme respectable!

Le jeune DEMONTFORT.

Vous oubliez que j'ai bien voulu le permettre. Vous vous croyez déjà l'égal de votre bienfaiteur; vous finiriez par mépriser vos pareils; songez à ce que je viens de vous dire, et que je ne vous retrouve plus sur mon passage.

RICHARDET.

J'obéis à l'instant.

(*Le jeune Demonfort se retire.*)

SCENE XI.

RICHARDET *seul*

Ainsi mon zèle et ma franchise m'ont perdu!

AIR:

Il m'arrache donc le bonheur,
Lorsque j'en savourais l'yvresse!
Adieu fortune, espoir trompeur;
Pour offrir à mon bienfaiteur,
Je n'ai plus rien que ma tendresse!

Mais craindrais-je l'adversité,
Et cesserais-je d'être sage?
Pour le travail j'ai mon courage,
Et pour le malheur ma fierté!
L'éclat n'est rien qu'une chimère,
Et je me dirai désormais:
Sois libre dans une chaumière;
Plutôt qu'esclave en un palais!

Fin du premier acte.

ACTE II.

Le théâtre représente une double scène. A la gauche des spectateurs, est une tour, au fond du théâtre; c'est le lieu des sépultures de la famille Demontfort; on y voit plusieurs tombeaux; il y en a un, dont la pierre qui le couvre est plate et peut se lever. Un mur environne la tour et ce lieu; c'est par ce mur que la scène est coupée : il y a une porte dans le fond. -- à la droite des spectateurs est un bois sombre ; le même bois se prolonge de l'autre côté de la tour. -- Cet acte se passe pendant la nuit et un orage ; les éclairs brillent et le tonnerre gronde de tems en tems.

SCENE PREMIERE.

Mme. DEMONTFORT. *Elle est assise et paraît accablée : Un peu de musique, et quelques éclairs précèdent le monologue.*

Personne ne vient ! sans doute ils m'ont oublié dans cette prison. voilà deux jours que l'on ne m'a point apporté de nourriture ! . . . ils ont décidé que je devais mourir. . . . Ah ! pourquoi m'ont-ils laissé languir si long-tems dans cette affreuse solitude, où un double mur et un bois sombre me séparent du reste des humains, où rien ne me rappelle à l'existence, et où ces froides tombes qui m'environnent semblent sans cesse s'ouvrir sous mes pas ? il y a si long-tems que je pourrais reposer en paix dans l'un de ces tombeaux ! La pitié de mes bourreaux est un rafinement de barbarie ! (*elle va écouter à la porte du mur : un peu de musique accompagne cette action.*) Rien ! voilà cependant la nuit. Mais quand on m'apporterait encore de quoi prolonger ma triste existence, que puis-je espérer ? mon sort ne changera point ; chaque jour je m'éveillerai avec mon malheur ; chaque jour je succomberai au sommeil, le désespoir dans l'ame ; et la pensée la plus cruelle, celle qui me tourmente sans cesse est, que tant de maux me viennent de la main d'un homme qui devait me protéger, d'un époux que j'aurais pris plaisir à chérir ! Est-ce donc là vivre ? non, non, c'est mourir à chaque instant : il faut que la dernière heure arrive ! (*Ici l'on entend sonner dix heures à une horloge éloignée. Un trait de musique précède le son de la cloche. Sophie prend tout-à-coup un ton plus solemnel et plus décidé.*) La voilà, cette dernière heure que je dois entendre sonner. Je n'avais besoin que d'un moment de courage pour rompre la longue chaîne de mes maux ; ce moment est venu. (*Un peu de musique, peignant son agitation.*) Oui, mourons, et dans quelques minutes le malheur n'existera plus pour nous. (*Ici quelques éclairs.*) Ce désordre de la nature est semblable à celui de mon ame ; il m'annonce la destruction.

SCENE

SCENE II.

Me. DEMONTFORT, DEMONTFORT,

DEMONTFORT, *enveloppé d'un manteau, et restant du côté de la Forêt.*

Ce n'est qu'en tremblant que j'approche de ce triste lieu.

Mme. DEMONFORT.

Ne serait-ce pas à dessein que le barbare Albert aurait laissé dans ma prison des armes propres à trancher le fil de mes jours ? Son intentionsera remplie : quand il viendra, il ne trouvera plus rien..... rien que ma dépouille froide, inanimée. (*Cette idée lui fait faire un mouvement d'horreur, et elle se cache la figure dans ses mains. -- Quelques éclairs.*)

DEMONTFOPT.

Le ciel en feu me paraît irrité : c'est peut-être contre ma tête qu'il va lancer la foudre !

Mme. DEMONTFORT.

C'en est fait : allons chercher cette mort qui peut seule nous rendre heureuse à présent ! (*Elle va pour s'avancer vers la tour. Dans ce moment un éclair sillonne l'air, et le tonnerre retentit. Elle s'arrête, hésite et tombe à genoux.*)

DEMONTFORT. *Il tombe de même à genoux au premier bruit du tonnerre, et s'écrie pendant que Sophie hésite :*) ô Dieu ! suspends ton tonnerre vengeur !

Mme. DEMONTFORT.

Malheureuse ! j'oubliais qu'il existe un Dieu !

DEMONTFORT, *à genoux.*

Que je tombe aux pieds de l'innocence que j'ai persécutée ! Frappe ensuite, ma mort sera moins terrible. (*Il supplie.*)

Mme. DEMONTFORT, *à genoux.*

O Dieu ! je remets mon espérance en toi ! Si tu l'ordonnes, je dois souffrir encore. (*Elle se relève. Demontfort se relève aussi de son côté.*)

DEMONTFORT.

Achevons maintenant le pénible devoir qui m'amène en ces lieux. (*Il va lentement et avec crainte jusqu'à la porte.*)

Mme. DEMONTFORT.

Ce mouvement de mon cœur me ranime..... L'orage

augmente ! rentrons dans ma prison, c'est peut-être là que je trouverai la fin de mes maux !

SCENE III.

DEMONTFORT, *seul.*

Non, jamais, je n'oserai pénétrer dans cette enceinte !..... Mais, quelqu'un s'avance vers ces lieux : ce ne peut être qu'Albert.

SCENE VI.

DEMONTFORT, ALBERT.

DEMONTFORT, *se plaçant de manière à n'être point vu d'Albert.*

C'est lui !.... La vue de cet homme me révolte maintenant. (*Albert ouvre la porte, et entre dans l'enceinte.*) Comme sa main a ouvert facilement cette porte ! Le barbare ne connaît point les remords; sans doute c'est l'heure qu'il a choisie pour apporter à l'infortunée Sophie la nourriture qui lui est nécessaire. Je n'aurais jamais le courage de paraître en même-tems que lui devant ma malheureuse épouse. son regard seul ferait mourir dans mon cœur les bons sentimens qui y veulent naître. Retirons nous dans l'épaisseur de ce bois, et ne reparaissons que lorsqu'il sera parti. (*Il s'enfonce entre les arbres.*)

SCENE V.

ALBERT, *dans l'enceinte de la muraille. Pendant que Demontfort parlait, il regardait soigneusement de côté et d'autres.*

Elle est dans la tour. (*Il tire de dessous ses habits une lanterne sourde qu'il y tenait cachée.*) Il faut que je me raffermisse un peu avant que d'entrer : je crois que le courage me manquerait. En vérité, il y a des momens où l'on est si faible, que l'on ne se reconnaît plus ! Pa[illegible] encore d'être faible dans certaines occasions; mais s'aviser d'avoir des remords comme mon maître ? il nous mettrait dans un bel embarras ! heureusement que j'ai plus de tête que lui; la fièvre ne m'a pas encore épouvanté. Et pourquoi être criminel une fois, si on n'a pas le courage de l'être encore quand il le faut absolument ! que ne gardait-il sa première femme !

Mais songer à lui rendre la liberté, après tant de tems qu'on la croit morte ! c'est donc nous avouer coupable ! il y a là-dedans une générosité au-dessus de mes forces. (*Il pose sa lanterne sur le coin d'un tombeau.*) Allons, elle périra..... J'aurais cependant desiré que cela tournât autrement...... J'ai beau vouloir m'en imposer; on n'est pas heureux avec le souvenir d'un crime. Mais il n'est plus tems d'y penser; étourdissons nous, frappons la victime, et respirons après. (*Il va lentement vers la tour, et s'arrête près de la porte.*)

SCENE VI.

ALBERT, *dans l'enceinte.* RICHARDET, *entrant par le côté du bois.*

RICHARDET.

En vérité, il faut être chassé, pour se trouver dehors par le tems qu'il fait; mais, Dieu merci, je serai bientôt chez le bon Gérard. Laissons passer le fort de l'orage, et mettons-nous à l'abri sous ces arbres.

ALBERT, *près de la tour.*

Maintenant une lumière éclaire la prison de Sophie; elle verra mon bras levé pour lui porter le coup de la mort: elle tombera à mes genoux, elle suppliera...... et j'achèverai..... Non, Albert, tu n'achèveras pas. Jamais tu ne donneras la mort à une femme, une femme dont la bouche te bénira encore.

RICHARDET.

Je n'étais jamais venu dans ce parc; une porte en était par hazard ouverte, je suis entré. Depuis quelques jours le mur s'est écroulé précisément en face de la chaumière de Gérard; je passerai par là, et j'aurai beaucoup abrégé mon chemin.

ALBERT, *sortant de ses réflexions.*

Oui, c'est ainsi que je dois agir: appellons Mme. Demontfort. Ici sous ce ciel obscur, j'aurai plus de fermeté, je ne verrai point ma victime. (*Il s'arrête tout-à-coup.*)

RICHARDET.

D'où vient cette opinion qu'il se passe dans cette enceinte des choses surnaturelles?

ALBERT.

Mais avant que de faire venir Sophie, ne devrais-je pas prendre des précautions pour ensevelir dans le plus profond secret ce qui pourrait nous trahir? Ces tombes qui m'environnent peuvent recevoir ma nouvelle proie.

RICHARDET, *assis au pied de l'arbre.*

Réfléchissons un peu à ce que je dois faire, maintenant que me voilà chassé du château de Monfort.

ALBERT.

Cherchons le lieu le plus propice. (*Éclairs.*) Ces éclairs me guident.

RICHARDET.

J'avais espéré de m'avancer; eh bien, je retournerai à mon premier sort.

ALBERT.

C'est cette tombe que je dois creuser de nouveau. (*Il prend une espèce de lévier, place sa lanterne de manière qu'elle éclaire son travail, et se met a lever la pierre qui couvre la tombe.*

RICHARDET.

Je travaillerai comme le bon Gérard, et je serai heureux comme lui près de ma Georgette.

ALBERT.

Cette occupation n'est pas infiniment gaie (*il ouvre la tombe*).

RICHARDET.

Elle m'aime si tendrement, ma Georgette! Ah! la chaumière que j'habiterai avec elle, me paraîtra plus belle qu'un palais!

ALBERT, *ayant pris la lanterne, et en dirigeant la lumière dans la tombe.*

Albert, tu fais la une bien vilaine action! et demain peut-être, tu seras dans un lieu semblable!

RICHARDET.

Nos jours s'écouleront doucement; nous aurons une famille qui embellira notre existence!

ALBERT *montrant son ouvrage.*

Le beau souvenir pour l'instant de ma mort!

RICHARDET.

Nous mourrons; mais après avoir compté des momens de vertus.

ALBERT.

Il faut, malgré moi, que je déteste ma vie! maudit desir d'acquérir des richesses!

RICHARDET.

O douce modération! sois toujours dans mon cœur, et tu me tiendra lieu de fortune!

ALBERT.

Ecartons ces idées, et faisons venir madame Demonfort. (*Appelant*) Madame ?

RICHARDET *prêtant l'oreille.*

N'ai-je pas entendu une voix?... C'est une illusion sans doute.

ALBERT.

Elle ne répond pas. (*il appelle encore*) Madame ?

RICHARDET *écoutant de nouveau.*

C'est bien une voix.

SCENE VII.

Les précédens, Mme. DEMONFORT *s'empressant d'arriver.*

Mme. DEMONTFORT.

Que vous avez tardé, Albert! m'apportez-vous quelque nourriture ?

ALBERT.

De la nourriture ?.... Non.

Mme. DEMONFORT.

Non!..... ô Dieu!

ALBERT *à part.*

C'est à présent que ma tâche me paraît horrible !

RICHARDET.

Ce que j'ai entendu m'inquiète: examinons ces lieux.

Mme. DEMONFORT *avec douceur.*

Parlez, Albert, la mort ne peut plus m'effrayer.

ALBERT.

La mort!..... Ai je parlé de mort ?

Mme. DEMONFORT.

Que dites-vous? (*se rassurant*) Non, votre bouche n'a rien prononcé des emblable. Comment pourriez-vous abréger mes jours? N'est-ce pas à votre pitié que je dois de vivre encore ?

ALBERT.

Ma pitié, madame! *à part*) Ma résolution se perd.

RICHARDET, *s'appercevant que la porte de l'enceinte est entr'ouverte.*

Ciel! cette porte ouverte! jamais, dit-on, personne ne l'à franchie! tentons de pénétrer dans cette enceinte. (*Il hésite.*)

Mme. DEMONTFORT, *marquant à la lueur d'un éclair la tombe qu'Albert a creusée.*

Que vois-je? cette tombe!...

ALBERT.

Elle vous est réservée.

Mme. DEMONTFORT.

Dieu! *Silence expressif de sa part. Albert essaye de surmonter ses craintes; c'est pendant ce tems que Richardet parle.)*

RICHARDET, *sur le point d'entrer.*

N'entends-je point marcher de ce côté? craignons d'être imprudent (*Il se retire un peu.*)

SCENE VIII.

Les précédens, le sire DEMONTFORT.

DEMONTFORT, *voyant la porte toujours entr'ouverte.*

Albert encore dans ces lieux! (*Il revient lentement sur le devant de la scène.*

RICHARDET.

Le sire Demontfort! Je suis perdu s'il me voit! profitons des ténèbres et fuyons. (*Il s'esquive.*)

Mme DEMONTFORT.

Il faut donc mourir!

ALBERT.

Il le faut.

Mme DEMONTFORT.

Au paravant, puis-je espérer de voir le sire Demontfort.

ALBERT.

Non.

Mme. DEMONTFORT.

C'est mon époux, je veux lui pardonner, Albert! je vous en conjure!

ALBERT, *à part.*

Soyons inflexible! (*Il tire de son sein un poignard.*)

Mme. DEMONTFORT.

Ciel! un poignard!

ALBERT.

Le moment est venu! (*Il lève le bras.*)

Mme. DEMONTFORT.

Une minute encore! .... Dites à mon époux que je lui pardonne; et à vous aussi, Albert, je vous pardonne.

ALBERT.

Et à moi aussi!

Le sire DEMONTFORT, *impatienté.*

Je n'y puis plus tenir : entrons.

Mme. DEMONTFORT, *retenant le bras d'Albert, dit avec noblesse :*

Arrête !

PANTOMIME.

Elle tombe à genoux, et élève les mains vers le ciel.-- Musique expressive, mais courte, vu la situation.

Pendant cette prière, Albert détourne la tête, et cache sa figure dans sa main gauche; la droite, armée du poignard, est suspendue sur madame Demontfort.

C'est en ce moment que Demonfort paraît dans l'enceinte. Signes de surprise et d'horreur !

A partir du mot ARRÊTE, les éclairs se succèdent continuellement; le tonnerre gronde sourdement jusqu'au moment où il éclate.

Mme. DEMONFORT *après avoir prié.*

Frappe.

A peine a-t-elle dit ce mot, qu'elle rabaisse vivement ses bras, joint ses mains sur son front, et se prosterne. -- C'est un mouvement de terreur.

Le sire Demontfort s'élance vers Albert, et retient son bras. Au moment même qu'il le touche, la foudre éclate; sillonne l'air, frappe Albert, et le renverse dans la tombe près de laquelle il était.

Le Sire DEMONTFORT, *en s'enfuyant.*

Fuyons la vengeance céleste !

ACTE III.

Le Théâtre représente une chambre rustique; au lever du rideau, la scène et ainsi disposée :

GEORGETTE *paraît occupée à préparer le souper près du foyer et achève de mettre le couvert, Brigitte coud sur l'un des côtés de la scène, et de l'autre côté Gérard travaille à un panier d'osier à moitié fait.*

SCÈNE PREMIÈRE.

GÉRARD, BRIGITTE, GEORGETTE,

GEORGETTE.

Voilà pourtant le souper prêt, et Richardet n'arrive point comme il l'a promis. L'orage l'aura retenu au château. Savez-vous qu'il est bientôt onze heures.

GÉRARD.

Il me semble ma fille, que tu comptes jusqu'aux minutes.

GEORGETTE.

Mais mon père, quand on attend, est-ce que le tems ne paraît pas toujours long ?

GERARD.

C'est selon.

GEORGETTE.

Aujourd'hui sur-tout que Richardet s'est distingué dans plusieurs exercices.

GERARD.

Je suis content que tu aies au moins un prétexte. Cependant l'autre jour, tu n'avais pas plus de patience.

GEORGETTE.

Je ne m'en souviens plus.

GERARD.

Je le crois bien, à ton âge on ne garde guères que le souvenir des plaisirs, et je parie que tu n'as pas oublié la soirée qu'il a passé ici ; en attendant qu'il vienne, il faut que je te chante une chanson à ce sujet, cela abrègera le tems.

GEORGETTE.

Ah ! oui, mais pas une longue aumoins.

GERARD.

Eh ! qu'importe, nous l'interromprons quand il viendra.

Certain jour de fête une belle,
S'attendait à voir son amant,
C'est en ce jour là que le galant
Va s'aviser d'être infidelle.
Furieuse, elle fait serment,
De ne plus l'aimer de la vie.
De ce serment,
Le croiras tu ?
La belle amie
Tout un grand jour s'est souvenu.

GEORGETTE.

Mon père, n'avez vous pas entendu marcher à la porte ?..... Ecoutez, je crois que l'on va frapper.

GERARD.

Non, non, ton impatience te trompe ; prête ton attention à mon second couplet.

Mais le lendemain plus fidelle,
Au logis revient le galant ;
Il revint si tendre et charmant,
Que n'y put résister la belle.
Alors elle lui fit serment,
Serment d'aimer toute la vie.
De ce serment,
Le crois-tu ?
La belle amie,
S'est, dit-on, toujours souvenu.

BRIGITTE.

BRIGITTE. *quittant son ouvrage.*

Sans doute Richardet ne viendra point ce soir, il est trop tard, nous allons souper.

GEORGETTE.

Ah ! maman, encore une petite demi-heure, je vous en prie.

BRIGITTE.

Une demi-heure. cela n'avancerait à rien, il est trop tard, vous-dis-je.

GÉRARD.

Allons femme, encore un petit moment (*à voix un peu basse.*) Tu n'as pas oublié ce tems où tu m'attendais aussi ! hem ! étais-tu bien contente quand quelqu'un venait, comme toi maintenant, à la traverse; allons ma petite femme, il faut avoir pitié des maux d'autrui,

BRIGITTE.

Eh bien ! ne va-t-il pas dire cela devant les enfans ?

GÉRARD.

Ah ! je n'y pensais pas.

GEORGETTE.

Ma chère maman, vous n'étiez donc pas contente non plus ?

BRIGITTE.

Comment, mademoiselle, est-ce que vous devez faire de ces questions là.

GÉRARD.

Est-ce qu'une petite fille doit écouter ce que l'on dit à côté d'elle.

GEORGETTE,

Petite fille ! mais mon père, vous savez bien que j'aurai seize ans l'année qui vient.

GÉRARD.

L'année qui vient ! voyez la finesse ! quand ça aura trente ans, ça dira : j'avais vingt-neuf ans l'année passée. (*On frappe à la porte.*)

GEORGETTE, *avec joie.*

Ah ! voilà pourtant Richardet. (*Elle court ouvrir la porte.*)

SCENE II.

Les précédens, DANDINET, *se précipitant dans la maison.*

DANDINET.

Fermez la porte, vite, vite !

GEORGETTE.

Quoi ce n'était que cet imbécille là.

GÉRARD.

Eh! bien, qu'as-tu donc, mon petit Dandinet?

DANDINET.

Ce que j'ai, cousin, vous ne le devineriez jamais.

BRIGITTE.

Mais tu nous effraye, mon enfant.

DANDINET.

Un petit moment, cousine.

BRIGITTE.

Dépêche-toi de nous tirer d'inquiétude.

DANDINET.

A chaque chose son tems, laissez-moi respirer.

BRIGITTE.

Aurais-tu rencontré des brigands?

DANDINET.

C'est plus que cela.

BRIGITTE.

Plus que cela, bon Dieu, et qu'était-ce donc?

DANDINET.

M'y voici. Vous savez que j'ai du courage, moi, je vais la nuit comme le jour, je ne crains rien..... (*avec effroi.*) Cousin, n'avez-vous pas entendu quelque chose à la porte?

GÉRARD.

Non, non, rassure-toi, c'est seulement ton courage qui s'épouvante.

DANDINET.

Vous êtes goguenard, mais c'est parce que vous êtes ici. (*avec mystère.*) Si vous aviez vu comme moi un phantôme, vous ne ririez pas tant.

TOUS.

Un phantôme!

DANDINET.

Pardine, croyez-vous que j'aurai peur à moins?

GÉRARD.

Allons, éveille toi bien, tu as rêvé cela en route.

DANDINET.

Non, non, je ne rêvais pas.

BRIGITTE.

Cela peut bien être, Gérard; la mort de Me. Demontfort a porté malheur à ce canton, moi, je soutiendrai toujours que j'ai vu un de ces revenans là qui voltigeait en flamme de feu, autour du donjon de la vieille tour.

DANDINET.

En flamme de feu.

BRIGITTE.

Oui.

DANDINET.

Eh! bien celui que j'ai vu était en petit lutin.

GÉRARD.

En lutin! mais cela devoit être fort plaisant.

DANDINET.

Plaisant! c'était épouvantable, ça sautait par une brèche qu'il y a depuis peu au mur de ce parc où personne ne va.

BRIGITTE.

Ça sautait.

DANDINET.

Oui ça sautait. Or moi je venais tout doucement voir la petite cousine.

GEORGETTE.

Ah! mon dieu, pourquoi veniez vous, cela ne vous serait pas arrivé.

DANDINET.

Cela est vrai, mais demandez donc plutôt pourquoi je vous aime. C'est l'amour, l'amour lui même qui fait toutes les sotises que vous m'attribuez.

GEORGETTE.

Dans ce cas cet amour-là vous ressemble bien, car vous faites tous deux la même chose.

DANDINET, *à Brigitte.*

Ne dit-elle pas que je ressemble à l'amour. (*Brigitte fait un signe négatif*) Non, c'était pourtant bien trouvé, mais qu'à telle donc voulu dire? vous riez, je parie que c'est quelque compliment qui est si joli que je ne peut pas le comprendre.

GÉRARD.

Cela pourroit bien-être.

DANDINET.

Tenez cousin pendant que nous touchons cette corde là, et que nous voilà rassurés, parlons un peu sérieusement, quoique vous m'ayez dit au moins vingt fois que Georgette ne serait jamais ma femme, moi j'ai mis dans ma tête que cela serait et ça sera.

GÉRARD.

Bon, tu m'étonnes.

DANDINET, *avec mystère.*

Savez-vous que c'est un rève qui m'a prédit cela.

GÉRARD.

Un rève! il me parait que tu aime a rêver

GEORGETTE.

Ah! mon père, laissons là ce sujet : il devrait bien voir que je suis trop jeune encore.

DANDINET.

Hé! hé! Petit poisson deviendra grand : il vaut mieux s'y prendre trop tôt que trop tard et pour cause. (*ici on frappe*) Ah! voilà le lutin, je le jurerais, n'ouvrez pas!

GEORGETTE.

Et moi je jurerais que c'est Richardet et que c'est aussi lui qui sautait par-dessus le mur. (*elle ouvre.*) C'est lui-même.... Mais qu'as-tu Richardet?

SCENE III.

Les Précédens RICHARDET, *un peu troublé.*

DANDINET.

Je parie qu'il a vu aussi le lutin.

GÉRARD.

Et que t'es-t-il arrivé mon enfant?

RICHARDET.

Pardon si je vous ai effrayé; jai peut-être eu plus de crainte qu'il n'y avait sujet d'en avoir.

DANDINET.

Oui, plus de peur que de mal.

RICHARDET.

Un peu en retard je voulais regagner le tems que javais perdu, en abrégeant mon chemin : par hasard la porte du parc était ouverte...

BRIGITTE.

Quoi! c'est par là que tu es passé! ah mon dieu j'aurais prisle plus long.

DANDINET.

Et moi aussi. RICHARDET.

Je fus forcé de me mettre un moment à l'abri auprès de cette tour dont on rapporte tant de choses étonnantes, jusqu'à ce jour je croyais peu qu'il s'y passa rien d'extraordinaire, maintenant je vous avoue que je ne sait plus que penser.

DANDINET, *à Gérard.*

Eh! bien cousin, eh! bien?

RICHARDET.

La curiosité alloit me pousser peut-être trop loin lorsque la présence du sire Demontfort me retint je m'éloignai au plus vîte, un peu troublé par la crainte, je m'égarai dans le bois, et fus long-tems sans trouver la bréche que je cherchai, lorsque j'en approchai je crus entendre marcher derrière moi, je crus même distinguer un personnage couvert d'un vêtement blanc.

DANDINET.

Et ça sauta par la brèche, n'est-ce pas,

RICHARDET.

Ce fût moi qui y sautai.

DANDINET, *à part.*

C'est mon lutin, je respire.

RICHARDET.

Voila mon aventure, que quelque crainte à peut-être grossie à mes yeux.

BRIGITTE.

Tout cela n'annonce rien de bon, et dieu sait ce qu'il en sera.

RICHARDET.

Je suis en sûreté maintenant, je suis au milieu de vous, mes amis, et c'est pour toujours. Le jeune Demontfort vient de me renvoyer dans votre chaumière, je n'en dois point murmurer, il était le maître de cesser, comme de prolonger ses bienfaits, si je m'afflige de cet évènement, c'est qu'il ne m'est plus permis d'espérer une petite fortune qui m'aurait mis à même soulager votre vieillesse.

GÉRARD, *l'embrassant.*

Vas, mon enfant, consoles-toi : si tu ne peux rien par la fortune, tu pourras beaucoup par ton cœur.

DANDINET, *à Gérard,*

Cousin, vous ne savez pas ce que nous devrions faire ! comme méfiance est mère de sûreté, et qu'en tout il vaut mieux regarder deux fois qu'une, j'imagine que vous ne feriez pas mal de venir avec moi jusques chez nous; nous examinerions de côté et d'autre, et nous saurions s'il se passe effectivement quelque chose d'extraordinaire aux environs.

GEORGETTE.

Il paraît que Dandinet ne serait pas fâché d'avoir un compagnon pour s'en aller; quand on est deux, on a moins peur, n'est-ce pas ?

DANDINET.

Peur ! oh ! ai-je l'air d'avoir peur, moi ?

GÉRARD.

Non, pas dutout.

DANDINET.

Dites que je suis prudent; mais pour vous montrer que je ne crains rien..... je m'en irai tout seul.

GEORGETTE.

Quel courage !

GÉRARD.

Je croyais que tu restais à souper avec nous.

DANDINET.

Oh ! je n'ai pas faim. (*à part.*) Il serait trop tard après souper. (*haut*) D'ailleurs, vous diriez encore que la peur me fait retarder, Adieu.

SCENE IV.

CÉRARD, BRIGITTE, RICHARDET et GEORGETTE.

GÉRARD.

Ce pauvre Dandinet ! en vérité, ma fille, tu le tourmentes, encore plus qu'il ne t'aime. Eh bien ! mon cher Richardet, te voilà donc revenu parmi nous. Je n'ose m'en réjouir : à présent que tu as reçu une éducation différente de celle qui convient à des gens comme nous, notre condition ne t'en paraîtras que plus dure.

RICHARDET.

Mon père, votre bonté, votre tendresse l'adouciront facilement.

GÉRARD.

Qu'entends-je ?.... quel bruit !

SCENE V.

Les précédens, DANDINET, Mme. DEMONTFORT.

DANDINET.

Il se précipite en criant sourdement et avec épouvante sur la scène ; parvenu au milieu, il tombe à plat-ventre et reste ainsi.

Madame Demontfort entre derrière Dandinet en accourant aussi et toute en désordre, au moment où Dandinet tombe ; elle s'arrête, ploye un genou, tends les bras vers la famille de Gérard, et supplie en disant :

Au nom de l'humanité ! secourez-moi.

GÉRARD, *bas et avec crainte.*

Quel air, quels traits !

BRIGITTE *effrayée.*

C'est le fantôme de madame de Montfort.

GÊRARD.

C'est lui même.

RICHARDET.

Madame, votre apparition subitte et inattendue a causé le trouble que vous voyez: que pouvons-nous faire pour vous être utile.

Mme. DEMONFORT.

Je suis une femme infortunée qui fuit la prison où on m'avoit condamné pour la vie.

RICHARDET.

Ne fuyez-vous pas de cette Tour que l'on voit ici près?

Mme. DEMONFORT.

De ce lieu même.

RICHARDET.

Oserions-nous demander quelle personne a éprouvé de si grands malheurs.

Mme. DEMONTFORT.

Je suis la première épouse du sire Demontfort.

TOUS.

O ciel!

Mme. DEMONTFORT.

Que craignez vous mes amis? mon sort vous effraye-t-il?

BRIGITTE.

Parle donc, Gérard.

GÉRARD.

Dans un petit moment.

Mme. DEMONTFORT.

Vous ne me répondez point.

BRIGITTE, *tremblante.*

Madame, quel secours des infortunés comme nous peuvent ils donner à des personnes qui ne sont plus de ce monde.

Mme. DEMONTFORT, *souriant.*

Je vois votre erreur. Rassurez vous mes amis, vous me croyez depuis long-temps dans la tombe, lorsque je n'étais en effet que dans l'oubli d'une captivité plus terrible peut-être que la mort. J'existe comme vous.

DANDINET, *qui s'est relevé.*

Ce mot fait plaisir à entendre.

Mme. DEMONTFORT.

Vous avez vu les funérailles que l'on a faites sur un tombeau où je n'étais point.... et sans doute vous comprenez ce que je dois taire.

GÉRARD, *vivement.*

Ah! madame, nous comprenons tout maintenant, vous avez été sacrifiiée à l'indigne femme qui vous a succédée, venez mes enfans, c'est notre ancienne bienfaitrice; approchez sans crainte.

DANDINET.

Ah! cousin, vous dites ça comme si nous avions eu peur.

BRIGITTE.

Grand Dieu! est il possible! quoi madame, c'est bien vous même que je vois!... mais c'est elle au moins Gérard. (*Avec volubilité.*) Georgette, ma fille, approche le grand fauteuil; Dandinet, mon garçon, rallume le feu. et toi, Richardet, apporte vîte un peu de vin à cette bonne dame: elle paraît en avoir besoin.

Mme. DEMONTFORT.

Oh! grand besoin! (*Elle boit.*)

BRIGITTE.

Mais par quel bonheur êtes vous donc sortie de cette vilaine prison où ils vous retenoient.

Mme. DEMONTFORT.

C'est le ciel même qui est venu à mon secours. J'étais condamnée à ne voir que le cruel Albert. Ce soir un dessein sinistre semblait l'avoir conduit vers moi... Je ne sais.... Son air effrayé.... Je me cachai le visage.... En ce moment la foudre grondait.... Lorsque je me tournai vers lui; il n'était plus!

TOUS.

O Dieu!

Mme. DEMONTFORT.

Sa mort me frappa d'épouvante; mais bientôt la pensée que je pourrais recouvrer ma liberté m'occupa toute entière; la porte de fer qui me retenait captive était ouverte, ma résolution fut aussi rapide que l'éclair; je m'élançai hors des murs, et errai à l'aventure dans l'épaisseur du bois. le hazard, ou plutôt la providence me servit encore; j'arrivai dans un endroit où le tems a fait tomber un pan de mur; je l'escaladai et me vis en pleine liberté, mais sans savoir où tourner mes pas j'apperçus un homme....

DANDINET.

C'était moi.

Mme. DEMONTFORT.

Je l'appellai à mon secours, je le suivis et me précipitai dans cet azile où je trouve enfin des cœurs généreux.

GÉRARD.

Et la liberté, madame.

BRIGITTE.

Comme il vont se réjouir dans tout le canton quand ils sauront que vous êtes ressuscitée! il me tarde d'aller apprendre cette bonne nouvelle à tout le monde.

Mme. DEMONTFORT.

Gardez-vous en bien! si je retombais entre les mains de mes tyrans......

Gérad.

GÉRARD.

Jamais, madame, jamais vous n'y retomberez, nous nous armerions plutôt pour vous défendre.

Mme. DEMONTFORT.

Et que pourriez-vous?......

GÉRARD.

Quand le sire Demontfort apprendra qu'il ne vous tient plus dans ses fers, quand tout le monde connaitras son crime, soyez sûr qu'il craindra encore plus que vous, et que s'il y a quelqu'un qui n'ose paraître dans ce canton ce sera lui..... N'aura-t-il pas alors à redouter la sévérité des loix.

Mme. DEMONTFORT.

Vous me faites trembler..... Je l'ai aimé, il est mon époux; voilà trop de titres de pardon, son malheur ne ferait que prolonger le mien. J'irai me jeter aux pieds du monarque, je solliciterai sa grace..... Mon cœur me dit que je l'obtiendrai.

GÉRARD.

Oh! quelle ame!

BRIGITTE.

Que je vous admire! eh bien! madame, le ciel semble s'entendre avec vous pour faire du bien à ceux qui ne le méritent guère. Le roi habite en ce moment un palais peu éloigné de ces lieux.

Mme. DEMONTFORT.

Dans ce cas ne perdons point de tems.... Mais hélas quelque court que soit le trajet, ma faiblesse ne me permettra jamais de le faire, et le sire Demontfort pressé par la crainte, se hatera de fuir dans des contrées éloignées.

GÉRARD.

Madame, si je pouvais porter aux pieds du prince l'expression de votre douleur?

Mme. DEMONTFORT.

Ah! mon ami j'accepte votre offre.

BRIGITTE.

Bien! mon cher Gérard, tu pourras encore être revenu de bonne heure demain; madame que votre esprit soit tranquille maintenant... Nous allions prendre notre repas lors de votre arrivée en ce lieu, si nous osions vous prier de le partager? ce n'est qu'un repas de pauvres gens, mais le bon cœur avec lequel nous vous l'offrons vous le fera trouver meilleur qu'il n'est... Allons mes enfans à table!

GÉRARD. *l'arrêtant.*

Y penses-tu femme ? oublies-tu ce que le respect exige ?

BRIGITTE.

Ah ! Pardon, madame ! c'est ma joie qui en est cause.

Mme. DEMONTFORT.

Ma chère Brigitte, j'aime encore mieux votre joie que votre respect. Mes amis placez vous à mes côtés si vous voulez que je fasse un bon repas. (*tous se mettent à table.*)

GÉRARD, *à Dandinet*

Allons, tu souperas avec nous cette fois-ci.

DANDINET.

Ah ! cousin je n'ai pas faim... Cependant je me mets à table.

Mme. DEMONTFORT.

Je suis donc enfin parmi mes semblables ; il me semble que tout ce qui se passe soit un songe.

BRIGITTE.

Si vous saviez madame. Combien vous avez été regrettée ; ils faisaient des fêtes au château, sans doute pour s'étourdir, mais personne du canton n'y prenait part.

Mme. DEMONTFORT.

Avez-vous au moins été aussi heureux que je l'ai désiré.

BRIGITTE.

Heureux ! Ce n'est jamais dans un pays où la vertu est persécutée que l'on trouve le bonheur.

Mme. DEMONTFORT.

J'aime à vous voir ainsi entourés d'une famille chérie.... C'est un bonheur que jai vivement desiré ! j'ai un fils ; il était bien jeune encore lorsqu'on me sépara de lui ; dites-moi mes amis puis-je espérer qu'il consolera le reste de ma vie ?.... Votre silence m'allarme.

GÉRARD.

Madame, votre fils est bien jeune encore.

Mme DEMONTFORT.

Je vous comprends.

BRIGITTE.

C'est déjà un fort beau cavalier.

DANDINET, *à part.*

Mauvaise herbe croit assez vîte.

Mme. DEMONTFORT.

Oui mais son cœur....

GÉRARD.

Il a été à l'école du sire Demontfort... Mais son cœur est bon. et quand il vous verra si généralement aimée. Il voudra l'être comme vous.

DANDINET.

Cousin vous savez dorer la pilulle et vous avez raison; mais c'est bien là le cas de dire : dis moi qui tu hante, et je te dirai qui tu es.

GÉRARD *à Dandinet.*

Maudit babillard! te tairas-tu?

DANDINET.

Ah! je vous entends, toutes vérités ne sont pas bonnes à dire; c'est égal, cela ne m'empêchera pas de répeter qu'aujourd'hui encore il a chassé ce pauvre Richardet par jalousie.

RICHARDET.

J'avais peut-être des torts; je n'ai pu mettre assez de ménagement dans la joie que m'inspiroient mes succès.

(*Ici on se lève de table.*)

Mme. DEMONTFORT.

Bon jeune homme! que je serais heureuse si mon fils vous ressemblait!

GÉRARD.

Richardet, plus je te connais, plus je desire que tu sois mon fils. Tu seras au moins l'époux de ma fille.

RICHARDET et GEORGETTE.

O mon père.

DANDINET.

Vous le croyez?

GÉRARD

Allons tais toi.

Mme. DEMONTFORT, *montrant Richardet.*

J'avais cru que ce jeune homme était votre fils.

GÉRARD.

Je ne suis pas assez heureux pour être son père, mais il a été élevé avec nous, et nous croyons qu'il est notre enfant. C'est un soutien de plus pour notre vieillesse.

Mme DEMONTFORT.

Pourquoi suis-je réduite à envier le bonheur d'autrui.

GERARD.

Après les agitations que vous venez éprouver le repos est nécessaire, madame, vous pouvez ordonner.... Chaque fois que nous avons le bonheur de nous trouver réunis, nous remercions le ciel ensemble; notre sommeil est ensuite plus doux. Nous ne pouvons mieux terminer cet heureux jour que par un devoir aussi sacré.

Mme DEMONFORT.

Qui plus que moi doit des actions de graces au ciel! je le remercierai avec vous.

CŒUR.

Tous ensemble.

Quand le juste peut, chaque soir,
Se dire: mon ame est tranquille,
J'ai servi mon semblable et rempli mon devoir,
Père de la nature, il s'endort dans l'espoir
Que tu veilles sur son asyle!

Ah! si par quelque bien nous avons dans ce jour
Mérité ton amour,
Fais qu'un heureux songe
Cette nuit prolonge
Ce peu de bien qui te plaît tant,
Pour que demain dès l'aurore
Nous éprouvions encore
Le doux desir d'en faire autant

Fin du troisième acte.

ACTE IV.

Le Théâtre représente une forêt.

SCENE PREMIERE.

RICHARDET et GEORGETTE

RICHARDET.

Nous voici au rendez-vous de chasse, où les deux seigneurs de Montfort ont coutume de se trouver tous les matins dans la belle saison. Cachée entre ces arbres, madame Demontfort pourra facilement satisfaire le vif desir qu'elle a de voir son époux et son fils en attendant que nous allions l'avertir, parlons de notre bonheur, ma chère Georgette, maintenant que cette dame bienfaisante me prend sous sa protection, je puis encore espérer d'ajouter à notre félicité et à celle de nos parens.

GEORGETTE.

Cette perspective seule me transporte de joie....... Cependant si auprès de madame Demontfort tu allais devenir assez riche pour desirer une autre épouse que la pauvre Georgette qui n'a que son cœur à te donner?

RICHARDET.

Est-ce bien ce cœur qui t'a dicté de semblables craintes..... Ecoute..... Tu vois cet arbre ? C'est là que je fus abandonné à ma naissance. C'est là que j'allais périr lorsque ton père m'a recueilli. Je n'avais rien, et il m'a élevé comme son fils ; je lui dois tout, je l'aime, je ne possède rien encore : et tu me demandes si je t'oublierai..... Va, l'ingrat n'est jamais heureux, et je veux être heureux toute ma vie.

GEORGETTE.

C'est fini ; je ne veux plus avoir de ces vilaines pensées qui noircissent l'esprit.

RICHARDET.

Il me vient une idée ..... Sous cet arbre, au pied duquel je viendrais mourir de honte si jamais je justifiais tes craintes, je veux tracer le serment d'aimer toujours la fille de mon bienfaiteur.

GEORGETTE.

Et moi celui d'être fidelle.

Je commence. RICHARDET.

GEORGETTE, *l'arrêtant.*

Au moins, ne crois pas que je doute de ton amour.

RICHARDET.

Non, ma chère Georgette.

(*Richardet écrit sur la pierre ces mots*) :

NOUS NOUS AIMONS, C'EST POUR LA VIE.

RICHARDET.

(*Georgette met son nom dessous ce dernier, et font le serment de s'aimer toujours.*)

GEORGETTE.

On s'approche ! cachons ces mots ; d'autres yeux que les nôtres ne doivent point lire l'expression de nos cœurs.

(*Ils font retomber sur la pierre des branches de feuillages.*)

RICHARDET.

Courons maintenant avertir madame Demontfort ; son époux et son fils ne vont point tarder à paraître. (*Ils sortent*)

SCENE II.

CHASSEURS Jeunes VILLAGEOIS.

UN CHASSEUR.

Mes amis en attendant que monseigneur arrive, nous pouvons passer un moment agréable, j'ai vu par là quelques jeunes villageois, appelons les.

Pantomime et ballet, après l'arrivée des villageois.

UN CHASSEUR *après le ballet*

Fuyez voilà mon seigneur.

Les villageois s'enfuient.

SCENE III.

Les précédens dans le fond DEMONTFORT.

DEMONFORT *à part.*

Mon fils n'est pas encore arrivé.... J'ai besoin de le presser contre mon sein avant de quitter ces lieux (*aux chasseurs*). Dès que mon fils paroîtra dites lui que je l'attends ici, éloignez-vous.

SCENE IV.

DEMONTFORT, *seul.*

Le ciel s'est donc enfin lassé! tout ce mystère d'iniquité va être dévoilé ... Sophie est libre elle a profité de ce moment terrible où la foudre a frappé mon complice, et m'a fait fuir épouvanté ..... sa prison étoit déserte lorsque j'osai y rentrer .... Ainsi voila le fruit de mon repentir perdu, et le seul dessein louable que j'aie formé depuis long-tems, n'aura pas même d'effet. Ma soumission maintenant ne paroitroit que la lâcheté de l'homme coupable qui tremble à l'aspect du supplice; mes larmes seroient regardées comme celles de l'hypocrite. Je serais humilié sans avoir rien fait pour adoucir mon sort..... Que dis-je? puis-je rester dans ces lieux maintenant? mon crime ne va-t-il pas être découvert; ne tomberai-je pas sous la vengeance des lois? ne serai-je pas traîné ignominieusement au supplice?.... Malheureux! fuis, tandis qu'il en est tems encore, fuis dans une terre où tes forfaits seront inconnus....... Mais si la justice des hommes ne peut t'y atteindre, ta conscience s'y trouvera avec toi......

SCENE V.

DEMONTFORT, Madame DEMONTFORT, GEORGETTE et RICHARDET, *ces trois derniers sont dans le fond.*

Me. DEMONTFORT.

Le voici, soutenez-moi.

DEMONTFORT, *continuant.*

Si cependant j'avais pu voir Sophie; si j'avais pu lui dire: j'abhorre mes forfaits, il me semble que j'aurais ensuite supporté plus facilement le fardeau de la vie..

Mme DEMONTFORT, *à part.*

Il se repend, ô Dieu ! je te bénis !

DEMONTFORT.

Je ne la verrai plus!..... au moins, j'embrasserai son fils !.....

Mme. DEMONTFORT.

C'est assez ; je n'y puis tenir.

RICHARDET.

Un instant, voici quelqu'un : c'est votre fils.!

Me. DEMONTFORT.

Mon fils ! (*Richardet et madame Demontfort se reti.ent un peu.*)

SCENE VI.

Les précédens, le jeune DEMONTFORT.

DEMONTFORT.

Mon fils ! le plaisir vous a réveillé ! au retour de chaque aurore, vous espérez de nouvelles jouissances.

Le jeune DEMONTFORT.

Je me livre selon vos desirs, mon père ; à l'exercice qui convient le mieux à un jene homme de mon rang.

DEMONTFORT.

Que votre âge est heureux mon fils ! nul souci n'a encore terni votre imagination, nul vice n'a flétri votre cœur et..... nul crime n'a troublé votre ame. Libre d'être vertueux jusqu'à votre dernier jour, vous pouvez facilement rendre toute votre vie heureuse....... que ne puis-je ensevelir dans l'oubli le plus profond tout le tems que j'ai vécu depuis l'âge que vous avez ; (*à part.*) mais que dis-je ? le coupable a tant de peine à ne pas se se trahir! (*haut et d'un ton simple.*) Mon fils une affaire importante et imprévue m'appelle loin de ces lieux. J'ignore le temps que je serai absent : mais je vous laisse entre les mains d'un homme respectable ; n'oubliez jamais ses conseils.... bientôt vous aurez un autre guide que vous n'espérez pas...... respectez-le, surtout, ce guide là, ce n'est point moi, c'est la nature qui vous l'ordonne.

Le jeune DEMONTFORT.

Mon père veuillez vous expliquer, vous paraissez avoir des craintes.....

DEMONTFOTT, *s'efforçant de sourire.*

Je n'ai que les craintes d'un père qui desire le bonheur de son fils. Mais tout est prêt pour mon voyage, l'heure m'appelle.... Adieu mon fils... (*Il l'embrasse avec ten-*

dresse.) Adieu!.. *(Il s'éloigne et revient.)* Si le destin me séparait aujourd'hui de vous pour toujours.... Il n'est personne qui puisse répondre de la vie! que je vous presse encore sur mon sein. *à part.* Ah! si l'on savait ce que le crime coûte de peines que ne feroit on pas pour la vertu! *(Il sort.)*

Mme. DEMONTFORT *à Richardet.*

Courez, ramenez le, il mérite enfin d'être heureux. *Richardet sort suivi de Georgette.*

SCENE VII.

Mme. DEMONTFORT *éloignée*, Le jeune DEMONTFORT.

LE jeune DEMONTFORT, *à part.*

Me voilà donc maître pour quelque tems! personne enfin n'osera plus s'opposer à mes volontés. Consacrons cette matinée à la chasse, ainsi que je l'avais résolu. *Il se retire.*

SCENE VIII.

Mme DEMONTFORT.

Que l'entretien [illegible] est terrible pour moi, son cœur est changé! [illegible] ait reprendre ses premiers sentimens!... Mais il s'approche!.. Je puis à peine me soutenir *(Elle baisse son voile.)*

SCENE IX.

DEMONTFORT *à Richardet qui le conduit.*

Eh! que veux-tu mon ami? quel est ce secret si important?

RICHARDET, *montrant Mme. Demontfort.*

Voyez seigneur. *(Il se retire.)*

DEMONTFORT

O ciel! serait ce......

Mme. DEMONTFORT, *levant son voile.*

C'est votre épouse.

DEMONTFORT, *atterré.*

Malheureux!..... où fuir! où pouvoir me dérober!.....

Mme. DEMONTFORT

Rassurez-vous, Seigneur, ce n'est point dans le cœur de Sophie que vous trouverez la vengeance.

Demonfort.

DEMONTFORT.

Eh ! ne suis-je pas un monstre ! .....

Mme. DEMONTFORT

Vous avez horreur de vos actions, cela suffit; le repentir efface le passé et fait naître de nouvelles vertus ; j'ai tout oublié.

DEMONTFORT.

Votre générosité m'anéantit. (*il tombe à ses genoux*) Sophie ! au nom du ciel, accablez moi plutôt de votre indignation. Cette douceur est pour moi plus terrible que votre colère; elle me fait trop vivement connaître la bassesse de mes sentimens et la férocité de mon cœur ! Sophie ! .

Mme. DEMONTFORT, *le faisant relever.*

Seigneur, reprenez confiance. vos passions et la perfidie de ceux qui vous entouraient vous ont égaré ; votre cœur seul vous ramène à la vertu c'est déjà un titre à l'estime de vous même ; le bien que vous voulez faire vous donnera l'espérance et le bien que vous aurez fait vous relevera entièrement à vos propres yeux.

DEMONTFORT.

O pouvoir de la vertu ! votre voix seule me tire déjà de l'humiliation ! quand j'étais encore abandonné à moi-même j'ai eu la force du repentir près de vous je crois sentir en moi ce feu qui porte aux belles actions et honore l'homme. Sophie ! ne pensez point que j'aie attendu ce moment terrible pour avoir horreur de mes forfaits ; oh ! je vous en conjure, ne le croyez pas.... Mais votre ame est trop belle, et tout ce qui tient à la noblesse de vos sentimens ne vous paraît que naturel.

Mme. DEMONTFORT.

Oui, je suis persuadée que le repentir était avant la crainte dans votre cœur; je sais aussi que vous alliez quitter ces lieux....

DEMONFORT, *vivement.*

Je les quitterai sur le champ ; j'ai entendu mon pardon de votre bouche, c'est assez; je ne dois point vous empêcher d'être heureuse par la présence de votre tyran.

Mme. DEMONFORT.

Non, non, seigneur vous ne vous éloignerez point, moi seule, j'avais à me plaindre, et lorsque je me tais qui aurait droit d'élever la voix?

DEMONTFORT.

Votre générosité vous trompe, Sophie quelqu'indigne que j'en fusse vous m'avez tout pardonné; mais mon crime n'en existe pas moins et j'en dois réparation à la société.

Mme. DEMONFORT.

J'ai tout prévu; mon premier soin en sortant de captivité à été d'envoyer quelqu'un auprès du monarque; heureusement en cet instant il habite un palais peu éloigné de ce château.

DEMONTFORT.

Quoi! le roi apprendrait!...

Mme. DEMONTFORT.

Il eut tout sçu, qu'avais-je a craindre de le lui apprendre? je lui témoigne mon plus vif désir, j'ose espérer qu'il ne le rejettera pas, et vous serez libre encore, comme vous l'avez toujours été.

DEMONTFORT.

O Sophie! Sophie! que je suis odieux auprès de vous.

Mme. DEMONTFORT.

Ne perdons point le tems en vains discours dans un moment l'événement de cette nuit sera connu, vous ne pouvez vous montrer que lorsque la réponse du roi sera arrivée; elle ne peut tarder. La chaumière du bon Gérard vous servira d'azile d'ici à ce moment; si un baiser de votre épouse, le baiser de la sincérité peut ôter le poids qui pèse encore sur votre cœur...... *Demontfort se précipite dans les bras de sa femme, s'en éloigne avec peine.*

SCENE X.

Mme. DEMONTFORT, *seule.*

C'est à présent que je puis remercier le ciel: la haine ne m'accable plus, et je ne sens pas un seul desir de vengeance dans mon ame! j'ai vu mon époux, si je pouvais aussi voir mon fils, lui parler, le presser sur mon sein! je ne puis croire ce que l'on m'en a dit: ah! le cœur d'une mère n'est facile à persuader que lorsqu'on lui dit le bien que son fils a fait..... Mais quel est ce vieillard? ses traits se retracent à ma mémoire: parlons-lui sans nous laisser connaître, il n'en est pas encore tems. (*Elle baisse son voile*)

SCENE XI.

Mm. DEMONTFORT, BRUNO.

BRUNO, *à part.*

Bon ! c'est ici qu'on m'a dit qu'il allait passer pour rejoindre les chasseurs; attendons un moment. Mais, le voici.

(*Madame Demontfort s'enfonce dans les feuillages, pour n'être pas apperçue.*

SCENE XII.

Les précèdens, le jeune DEMONTFORT.

Le jeune DEMONTFORT, *appercevant Bruno qui accourt vers lui.*)

Que voulez-vous, bon homme ?

BRUNO.

Monseigneur.....

Le jeune DEMONTFORT.

Allons, dépêchez-vous, vous voyez que je suis pressé.

BRUNO.

Monseigneur ne reconnaît-il plus Bruno, son père nourricier ?

Le jeune DEMONTFORT, *lui tournant le dos.*

Ah ! c'est vous, je suis content de vous voir.

BRUNO.

Et moi je commençais à trouver bien long le tems qui s'est passé depuis que je vous ai vu. Je suis vieux, mais je vais encore assez bien, et j'ai voulu vous embrasser encore une fois avant de mourir. (*Il s'approche pour l'embrasser.*)

Le jeune DEMONTFORT, le retenant.

C'est bon ! c'est bon ! mon ami, votre zèle me fait plaisir.

BRUNO.

Ah ! Pardon, monseigneur, j'oubliais que l'âge s'écoule, et que vous n'êtes plus un enfant. Je vous aime tant que je ne songe pas au respect.....

Le jeune DEMONTFORT.

Vous voyez que je ne faisais que passer. (*Il va pour s'éloigner.*)

BRUNO.

Oh ! je vous en prie, plus qu'un moment.

Le jeune DEMONTFORT, *de mauvaise humeur.*

Eh bien ! parlez donc.

BRUNO.

J'étais bien aise de vous offrir une faible marque de notre tendresse. Ma femme a mis à part quelques uns de nos plus beaux fruits, et elle a voulu que je vous les apporte, persuadée que vous ne dédaignerez pas....

Le jeune DEMONTFORT, *refusant avec hauteur.*

Vous vous moquez, je pense.

BRUNO.

C'est à la vérité, un présent de pauvres gens; mais s'ils osent vous les offrir, c'est parce qu'ils vous aiment, et vous les refusez!

Le jeune DEMONFORT.

Je vous sais gré de ce que vous faites, au contraire, allez à l'office, bonhomme, les gens auront soin de vous. Adieu, je vous reverrai.

BRUNO.

Voila donc comme il traite ceux qui l'aiment. (*avec fierté.*) Oui, vous me reverrez, mais craignez plutôt que ce moment ne soit terrible pour vous.

Le jeune DEMONFORT.

Que signifient ces menaces?

BRUNO.

Elles vous apprennent que vous avez humilié un vieillard à qui vous devez aumoins quelques ménagemens, je ne dis pas du respect: rien n'est respectable pour ceux qui se croient au-dessus de l'humanité.

Le Jeune DEMONTFORT.

Je pourrais punir votre audace, trouvez-vous heureux de ce que je la méprise. (*Il se retire.*)

SCENE XIII.

Mme. DEMONTFORT, BRUNO.

BRUNO.

Malheureux vieillard! pourquoi n'es-tu point mort avant ce jour.

Mme. DEMONTFORT, *à part.*

Et j'ai pu supporter ce spectacle déchirant. (*à Bruno.*) Bon vieillard, que je vous plains; vous l'aimez, et il vous méprise.

BRUNO.

Il m'aimait dans son enfance: le voilà à l'âge où l'homme riche apprend à mépriser son semblable.

Mme. DEMONTFORT.

Consolez-vous, il est un Dieu juste, il vous bénira.

BRUNO.

Non madame, il me punit.

Mme. DEMONFORT.

Comment! est-ce là le prix que la tendresse et la bienveillance doivent attendre?

BRUNO.

Ah! madame, le ciel est juste; mais le cœur de l'homme.... Chacun sait ce qui se passe dans le sien; et c'est là (*montrant son cœur*), là que pénètre l'œil de la justice. (*il s'éloigne*).

SCENE XIV.

Mme. DEMONTFORT, RICHARDET, DANDINET, GEORGETTE.

Mme. DEMONFORT.

Mes amis, j'ai vu mon fils, oui je l'ai vu.... Mais ne me demandez pas ce que j'éprouve.

DANDINET *tirant Richardet à l'écart.*

Richardet, mon bon ami, sais tu si madame Demontfort me pardonnera.

RICHARDET.

Que veux-tu dire?

DANDINET.

Chut! chut! ne parle donc pas si haut, ah! si tu savait ce que j'ai fait!

RICHARDET.

Mais tu m'effraies.

Mme. DEMONFORT.

Qu'avez-vous mon ami?

DANDINET.

Ah! madame, dites-moi que vous me pardonnez, je n'oserai jamais parler auparavant.

Mme. DEMONTFORT.

Je vous pardonne de tout mon cœur, bien sûre que si vous m'avez offensée, c'est contre votre volonté.

DANDINET.

Hélas! madame, ne pensez pas trop de bien de moi, de peur que vous ne me trouviez plus coupable encore.

RICHARDET.

Allons explique toi sans crainte.

DANDINET.

Vous savez bien qu'on m'avait défendu de rien dire.

RICHARDET.

Comment, aurais-tu parlé?

DANDINET.

Eh! mon Dieu oui! et a des femmes encore, rien qu'à quatre.

Mme DEMONTFORT.

Mon ami, votre indiscrétion pouvait me faire bien du mal; mais ne vous affligez pas, mes craintes sont maintenant passées.

DANDINET.

Ah! la bonne dame! ce que vous me dites là m'ôte en un moment l'envie de pleurer. (*à Richardet.*) Ah! ça, vous ne savez pas? mes quatre voisines, comme vous pensez bien, ne sont pas restées muettes, chacune d'elles dit le secret à quatre autres, ce qui fit seize d'un coup, ces seize là.....

RICHARDET.

J'entends, tout le village sut le secret en un quart d'heure.

DANDINET.

C'est cela même; et tout aussitôt chacun fut sur pied, se para de ses beaux habits; vous auriez dit que c'étoit le jour de la fête: tous ont dit qu'il alloient venir. Le tambourin, le violon, la flûte, ont été à l'instant de la partie...... (*On entend une musique gaie encore éloignée.*) Tenez! tenez! entendez-vous? les voilà qui viennent Ah! c'est qu'il ne serait pas facile de les retenir à présent qu'ils sont en train; on ne voit pas tous les jours les les bonnes gens aussi heureux qu'ils devroient l'être.

SCENE XVI.

Les Précédens, VILLAGEOIS et VILLAGEOISES, ensuite le Jeune DEMONTFORT.

Entrée des Villageois, venant féliciter Mme. Demontfort.

LE jeune DEMONTFORT, *à sa mère.*

Madame, je viens d'apprendre l'étrange évènement qui me rend ma mère que je croyais descendue au tombeau.

Mme. DEMONTFORT, *lui ouvrant les bras.*

Mon fils. (*bas à Richardet.*) Je crois que près de lui j'oublierai ce qui m'a tant affligé.

LE jeune DEMONTFORT.

Comment s'est-il pu trouver un homme assez barbare pour nous tyraniser si cruellement? et comment le sire Demontfort.....

Mme. DEMONTFORT, *lui mettant la main sur la bouche.*

Silence! respectez votre père!

LE jeune DEMONTFORT.

Je me tais.

SCENE XVII.

Les Précédens GERARD, le sire DEMONTFORT, BRIGITTE *accourant la première.*

BRIGITTE.

Voilà Gérard réjouissez-vous madame, votre demande est obtenue.

Mme. DEMONTFORT, *après avoir remis à son époux la reponse dn roi qu'il vient de lire.*

Vous êtes libre seigneur! voici la réponse du roi.

Le sire DEMONTFORT.

Mes amis, vous connaissez mon crime, connaissez aussi la générosité de mon épouse; c'est elle que j'ai offensée, opprimée, et c'est elle qui m'a obtenu ma grace. C'est d'elle que je tiendrai le bonheur de vivre encore dans ces lieux.

SCENE XVIII.

Les Précédens, BRUNO.

Je vous ai promis de reparaître davant vous me voici.

Le jeune DEMONTFORT.

Cest fort bien; veuillez ne pas troubler la joie que vous voyez règner ici.

Mme. DEMONTFORT.

Venez bon vieillard; je vous dois beaucoup pour l'amour que vous portez à mon fils.

BRUNO.

Votre fils! il ne mérite pas de l'être.

Mme. DEMONTFORT.

Oubliez des tors qui n'appartiennent qu'à l'âge.

BRUNO.

Plut à dieu que je n'eusse qu'une ingratitude a oublier; mais il faut que je sois juste avant d'être généreux, ce jeune homme en qui vous mettez votre espérance, ne peut que vous donner de nouveaux chagrins.

Le jeune DEMONTFORT, *outré.*

Mon ami vous oubliez....

BRUNO, *avec fièreté.*

Je vous demande du silence et, bientôt vous saurez que j'ai droit de l'exiger.

Mme. DEMONFORT.

Mais, est-ce a mon fils que vous parlez ainsi?

BRUNO.

Non. madame, c'est au mien.

(*Etonnement général*)

Le sire DEMONTFORT.

Que dites vous ?

BRUNO.

Il y a eu seize ans au commencement du printems dernier, que nous emportâmes votre enfant qui venait de naître; nous l'avions placé sur une monture pour qu'il fut plus commodément d'ici à notre demeure, comme nous entrions dans cette forêt, une bête féroce sortit tout à coup du milieu des arbres, le cheval effrayé s'enfuit aussitôt de toute vîtesse dans l'épaisseur du bois. Le danger que courait l'enfant, nous entraîna sur ces traces... Mais jugez quel dût être notre effroi lorsque nous trouvâmes son berceau vuide.

Mme. DEMONTFORT, *l'interrompant.*

Et pourquoi n'êtes vous pas venu aussitôt m'annoncer combien j'étais malheureuse.

BRUNO.

Ce fût notre première intention, c'était notre devoir : mais bientôt la pensée que se serait devant le sire Demontfort que nous paraîtrions, nous glaça d'un nouvel effroi. Le courage nous manqua.... Oserai je vous le dire ?..... Ma femme me proposa de faire passer notre fils pour le vôtre. J'eus la foiblesse de consentir, et vous comprenez comment je dus agir ensuite; mais tout doit être réunis à sa place. Rendez mon fils à sa condition et faites moi punir; je me remets en votre puissance.

Le jeune DEMONTFORT, *à part.*

Ciel! que viens-je d'entendre !

Mme. DEMONTFORT.

Imprudent vieillard ! et vous aussi vous me faites beaucoup de mal.

GÉRARD, *agité à Bruno.*

Vous dites que c'est dans cette forêt et qu'il y a eu seize ans au commencement du printemps !

BRUNO

BRUNO.

Hélas ! oui.

GERARD.

Madame, ne perdez point l'espérance, votre fil existe. Il y a eu seize ans au commencement du printems que j'ai trouvé dans cette forêt, ici même, un enfant délaissé; les étoffes qui l'enveloppaient étaient d'un prix qui annonçaient une grande fortune, c'est notre fils que j'ai eu le bonheur d'élever. Le voici : (*Il présente Richardet.*)

RICHARDET, *se jetant aux genoux de madame Demontfort.*

Madame !

Mme. DEMONTFORT, *lui tendant les bras.*

Mon fils !

RICHARDET, *s'y précipitant.*

Ma mère.

(*Le sire Demontfort se mêle aux embrassemens de son fils et de son épouse.*)

DANDINET.

Voyez que d'aventures il a déjà eu pour son âge !

GEORGETTE.

(*Elle court se jeter aussi dans les bras de Richardet; mais bientôt elle revient rêveuse, et tandis que Richardet manifeste allieurs sa joie, elle s'approche de Gérard, et lui dit avec crainte :*)

Mon père, à présent qu'il se voit le fils d'un grand Seigneur, pensera-t-il encore à nous ?

GÉRARD.

Ne connais-tu pas son cœur ?

GEORGETTE.

Peut-être m'oubliera-t-il, moi ?

GÉRARD.

Je t'entends ...... Il faudra bien perdre les espérances que nous avions conçues.

DANDINET.

Le cousin a raison, mais me voici tout prêt pour réparer le mal.

RICHARDET.

Non, ma chère Georgette, nous ne serons point séparés ! mes parens ne mépriseront pas la fille de celui a eu pitié de leur fils.

Le sire DEMONTFORT.

Ah ! ce n'est pas en ce moment que je voudrais briser des nœuds que la tendresse a formés, en ce moment où je renais au bonheur. Mes enfans, vous serez unis.

DANDINET.

Et moi, j'en serai pour mes rêves.

BRUNO, *à son fils.*

Mon fils, je vois combien ce revers vous frappe, au moins sachez pour votre consolation que le souvenir du passé est déjà effacé de mon cœur.

RICHARDET, *courant au jeune homme.*

Permettez que je vous embrasse aussi ! et que je vous appelle mon frère. (*Il le présente à ses parens.*) Il fut mon bienfaiteur.

Le sire DEMONTFORT.

Eh bien ! je serai toujours son père.

Le JEUNE HOMME, *aux genoux de sire Demontfort.*

Ma confusion......

Mme. DEMONTFORT, *achevant.*

Apprend ce qui se passe dans votre cœur. (*elle le relève.*) Oublions nos fautes et nos maux passés, et soyons tous heureux.

BRIGITTE, *à son mari.*

Ah! mon cher Gérard que tu as bien raison de dire que jamais le ciel ne laisse une bonne action sans récompense !

Le sire Demontfort et son épouse vont s'asseoir sur un banc de verdure placé à l'un des cotes, les autres personnages se groupent agréablement au tour d'eux.

CHŒUR ET BALLET.

Plus de douleur ! que l'espérance,
Vienne ranimer notre cœur !
Par nos chants, nos jeux, et la danse,
Exprimons, et notre bonheur,
Et la gloire de l'innocence.

(*Une seule voix.*)

Est-il spectacle plus touchant,
Que la vertu que l'on couronne,

Et l'innocence qui pardonne,
Au coupable qui se repand !

Tandis qu'une seule voix chante les quatre vers [illegible] dens, Richardet et Georgette tiennent sur la tête de madame Demontfort une couronne de fleurs, le sire Demontfort entraîné par le sentiment de ses enfans met un genou en terre devant son épouse qui le relève aussitôt avec tendresse. La danse forme des groupes analogues à ce tableau.

LE CHŒUR REPREND

Plus de douleur ! que l'espérance
Viennne ranimer notre cœur ! etc.

La toile tombe sur un tableau général.

FIN DU QUATRIÈME ET DERNIER ACTE.

PIECES DE THÉATRE,

Qui se vendent chez Fages libraire, vis-à-vis le théâtre des Jeunes Artistes; Pavillon du Jardin N°. 26. Au même prix que Richardet, ou le Jeune Aventurier.

Le PETIT JULES, vaudeville nouveau en 3 actes.
JOSEPH, pantomime nouvelle dialoguée en 5 actes.
CASSANDRE TOUT SEUL, vaudeville nouveau.
MARIA ou la forêt de LIMBERG, drame nouveau.
La BERGÈRE de SALUCES, drame nouveau en
L'ANTIQUOMANIE, vaudeville nouveau.
L'ORACLE, comédie en un acte de Sainte-Foi.,
ZAYRE, tragédie en 5 actes de Voltaire.
Le BABILLARD, comédie de Boissy.
La CLEF FORÉE, vaudeville nouveau.
Le DERNIER COUVENT DE FRANCE vaudeville.
FLORESTAN ou la LEÇON, vaudeville nouveau.
Les FUREURS de L'AMOUR, tragédie burlesque.
Les FAUSSES INFIDELITÉS, comédie de Barthe.
CÉLESTINE, drame nouveau de Gardy.
JEAN LAFONTAINE, vaudeville nouveau.
JEAN RACINE AVEC SES ENFANS, vaudeville
Les MYSTÈRES D'UDOLPHE, drame de Lamartélière.
Le PETIT POUCET, ou l'Orphelin de la forêt;
Le PEINTRE dans son MÉNAGE, vaudeville nouv.
Le TESTAMENT DE CARLIN, vaudeville nouv.
L'AVOCAT PATELIN, comédie de Brueys.
Le BUFFET, vaudeville d'Hapdé,
MÉDÉE, tragédie de Longepierre.
La PUPILLE, comédie de Fagan.
BÉVERLEY, tragédie de Saurin.
Le PHÉNIX, pantomime dialoguée.
Mr JOCRISSE AU SÉRAIL DE CONSTANTINOPLE, calembourg en trois actes.
LE PETIT CHAPERON ROUGE, vaudeville.
IPHIGENIE EN AULIDE, tragédie de Racine.
PRADON sifflé, battu et content, vaudeville nouv.
LE TABLEAU DE RAPHAEL, vaudeville nouv.
MAHOMET ou le Fanatisme, tragédie.
L'EPREUVE, comédie de Marivaux.
LA MORT DE CÊSAR, tragédie
L'IMPROMPTU de Campagne, comédie.

www.ingramcontent.com/pod-product-compliance
Ingram Content Group UK Ltd.
Pitfield, Milton Keynes, MK11 3LW, UK
UKHW021028180726
13838UKWH00004B/1659

9 782329 468167